COPYRIGHT:
SCHNEEKINDER
von David McKee
Übersetzung von Gunther Seiboldt
© 1987 by David McKee
© 1987 deutsche Ausgabe by ALIBABA VERLAG, Frankfurt
first published 1987 by ANDERSEN PRESS London
Originaltitel: Snow Woman
Colour separated by Photolitho AG Zürich
Satz by Caro Druck GmbH Frankfurt
Printed by Grafiche AZ Verona
Printed in Italy
ISBN: 3-922723-48-9

SCHNEE KINDER

David McKee

ALIBABA VERLAG

Frankfurt am Main

»Peter, wir gehen raus, einen Schneemann bauen«, sagte Paul. Peter Kern war der Vater von Simone und Paul.

»Du meinst einen Schneemenschen«, sagte der Vater.
»Und zieht euch warm an.«

»Rosa, wir gehen einen Schneemann bauen«, sagte Paul. Rosa Weidenthal-Kern war die Mutter von Simone und Paul.

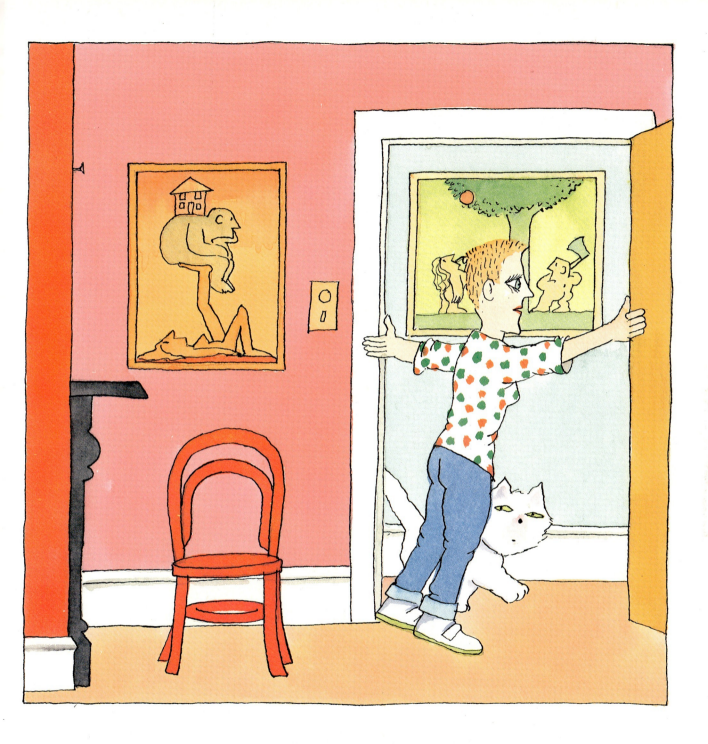

»Du meinst, einen Schneemenschen«, sagte die Mutter.

»Ich werde eine Schneefrau bauen!« sagte Simone.

»Simone, du bist ein Schatz!« sagte die Mutter.

»Wieso Schneefrau? Man baut keine Schneefrauen«, sagte Paul. »Wir bauen einen Schneemann.«

»Du kannst ja einen Schneemann bauen. ICH werde eine Schneefrau bauen!« sagte Simone.

Paul und Simone arbeiteten Seite an Seite.

Später rannten sie ins Haus zurück.

»Ich brauche einen Hut und einen Schal für den Schneemann«, sagte Paul.

»Du meinst, den Schneemenschen«, sagte Peter Kern.

»Kann ich Kleider für meine Schneefrau haben?« fragte Simone.

»Na klar, mein Schatz«, freute sich Rosa Weidenthal-Kern.

Simone und Paul zogen Schneefrau und Schneemann an.

Rosa Weidenthal-Kern machte einige Fotos von ihren Kindern.

Paul wurde von Peter ins Bett gebracht. »Wird der Schneemann morgen noch da sein?« fragte er.

»Du meinst doch Schneemensch«, tadelte der Vater
sanft. »Ja, wenn es nicht taut.«

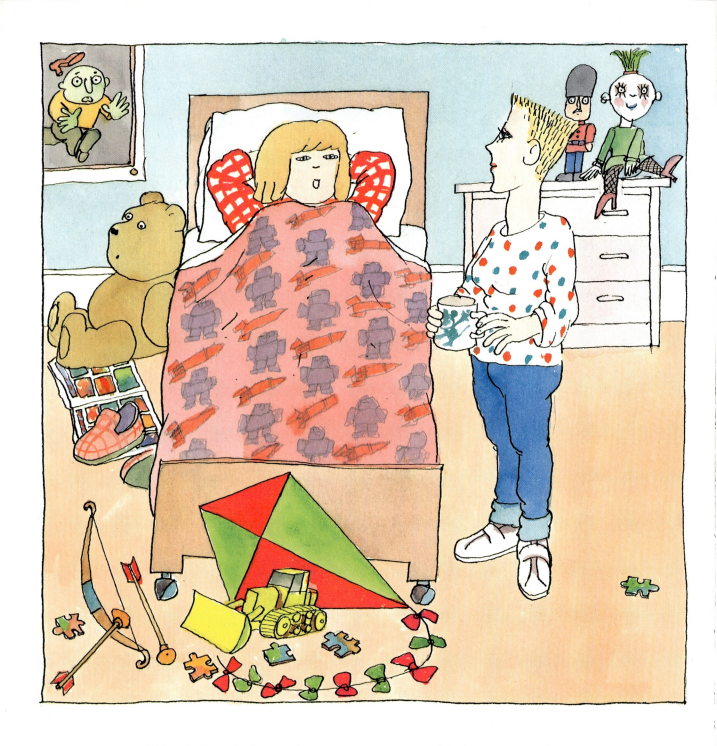

»Wird die Schneefrau morgen noch da sein?« fragte Simone.

»Ich denke doch, Schatz«, antwortete die Mutter.

»Sie sind fort!« staunte Paul am nächsten Morgen,
»Und die Kleider auch!«
»Also sind sie nicht getaut«, sagte Simone.

»Ich habe noch nie gehört, daß ein Schneemann weggelaufen ist«, wunderte sich Paul.

»Vielleicht, weil es bisher keine Schneefrauen gab«, meinte Simone.
»Und was machen wir jetzt?« fragte Paul.

»Wir bauen Schneekinder«, antwortete Simone.
»Jungen oder Mädchen?«

»Egal.«